송기흥 시집

# 등 속의 집

# 등 속의 집

인쇄 · 2025년 9월 25일 | 발행 · 2025년 9월 30일

지은이 · 송기흥
펴낸이 · 한봉숙
펴낸곳 · 푸른사상사

주간 · 맹문재 | 편집 · 지순이, 김수란
등록 · 1999년 7월 8일 제2-2876호
주소 · 경기도 파주시 회동길 337-16(서패동 470-6) 푸른사상사
대표전화 · 031) 955-9111(2) | 팩시밀리 · 031) 955-9114
이메일 · prun21c@hanmail.net
홈페이지 · http://www.prun21c.com

ⓒ 송기흥, 2025

ISBN 979-11-308-2328-7   03810
값 12,000원

- 저자와의 합의에 의해 인지는 생략합니다.
- 이 도서의 전부 또는 일부 내용을 재사용하려면 사전에 저작권자와 푸른사상사의 서면에 의한 동의를 받아야 합니다.
- 이 도서의 표지와 본문 레이아웃 디자인에 대한 권리는 푸른사상사에 있습니다.

이 책은 광주광역시, 광주문화재단의 2025 지역문화예술육성지원사업(전문예술인)으로 지원받아 발간되었습니다.

푸른사상
시선
214

# 등 속의 집

송기흥 시집

| 시인의 말 |

어릴 적 시골집 평상에 누워
보던 별들을 한 갑자가 지난 지금도
변함없는 그 자리에서
올려다볼 수 있게 된 것은 내게
행운이다.
내가 보는 별들은 그대로인데
별들이 보는 나는 어떨까?
지금도 저 별들이 내 허연 머리를
쓰다듬어줄 거라고 나는
믿어도 될까?

2025년 8월
송기홍

| 차례 |

■ 시인의 말

### 제1부

| | |
|---|---|
| 딱따구리 소리 | 13 |
| 별 모양의 봄 | 14 |
| 진짜 뻐꾸기 | 16 |
| 동백꽃 그리움 | 18 |
| 누명 | 20 |
| 석상암 | 21 |
| 등 속의 집 | 22 |
| 화상(火傷) | 24 |
| 낯선 식구 | 25 |
| 목백일홍에 기대어 | 28 |
| 눈칫밥 | 30 |
| 난감한 집 | 33 |
| 우럭 | 34 |
| 습관 | 36 |

## 제2부

| | |
|---|---|
| 먼 곳 | 39 |
| 꽃구경 | 40 |
| 목련의 전생 | 42 |
| 수심 | 44 |
| 밥값 | 46 |
| 민물이 있던 자리 | 48 |
| 목련의 포란 | 50 |
| 버려진 냉장고 | 53 |
| 묵언(默言) | 54 |
| 불 속의 날개 | 56 |
| 빈집 | 58 |
| 담장의 마음 | 60 |
| 염소 | 62 |
| 운명 | 64 |

| 차례 |

**제3부**

중심(中心) 67
사랑의 가격 68
수준별 꽃구경 70
식구 72
물고기 심부름 74
어떤 손 76
염소 고기 78
월봉사 80
명랑한 낭패 82
따뜻한 돌 84
설산 86
어떤 사람 87
봄편지 88
갯고둥 90

## 제4부

| | |
|---|---|
| 일생 | 95 |
| 작은어머니 | 96 |
| 죄에 대하여 | 98 |
| 꽃그릇 설거지 | 100 |
| 초원 | 103 |
| 초원 2 | 104 |
| 초원 3 | 106 |
| 피어오르는 말 | 108 |
| 호상(好喪) | 110 |
| 농담 | 112 |
| 뻘밭에서 | 114 |
| 까막눈 | 116 |
| 뒤에 오는 것들 | 117 |

■ 작품 해설 시인의 적응론 – 맹문재  118

# 딱따구리 소리

뒷산 딱따구리 소리 참
청아하다

박자와 음정이 딱딱
맞아떨어지는 저
밥벌이하는 소리가
음악이라니!

밥을 벌면서 저지른
만행들을 생각하면

왜 새들이 내 머리
꼭대기 위에서
노는지 알겠다

# 별 모양의 봄

립스틱을
살짝 돌리며 막
세상 밖으로 나오려는
목련꽃잎 맛을 어찌 알았는지,

직박구리 놈이 요기조기
다 쪼아 먹어 올해도
별 모양의 봄을 보겠다

멍석에 널어놓은 보리쌀
넘보는 닭 쫓을 때처럼 훠이 훠이
쫓아도 귀신같이 다시 와서는
가장 보드라운 봄을
훔쳐가 버리는, 새의
봄을 생각하다가
어처구니없게도 봄이

나만의 것이라는 삿된

간짓대를 내려놓았다

휘이 휘이

새를 쫓으려다가
내 마음을
쫓아버리고 말았다

## 진짜 뻐꾸기

새벽마다 내 잠을 깨우는 뒷산 뻐꾸기는
아프리카에서 동남아를 거쳐 이곳까지
35,000km를 51일 걸려 날아온다고 한다

참 멀리서도 와서 사람
성가시게 군다고 구시렁거리자

자기 처녀 적
밤마다 찾아와 담장 밖에서 울던
가짜 뻐꾸기 소리보단 예쁘지 않느냐고
핀잔을 주는 사람이 있다 하지만 그대여

그 가짜 뻐꾸기는
숱한 난리와 전쟁을 겪으면서도 살아남아
사랑과 이별의
물길 불길을 물불 가리지 않고 헤엄쳐
당신에게 오는 데
45,000년이 걸렸음을 아는가?

그렇다면 당신에겐

누가

진짜 뻐꾸기인가?

## 동백꽃 그리움

질 때 고운 꽃 없다지만
져서도
한 치의 흐트러짐 없는
매무새의 때깔을 간직한
결기들

사뿐, 지상으로 내려와
다시 한번 한판
생의 축제를 벌이고 있는
선운사 뒤뜰의 황홀경

한 번은 하늘에서의 전생
한 번은 지상에서의 현생

손에 잡힐 듯, 아스라이 먼
당신과 나의 최단 거리는
단 일 미터

천 년을 걸어도
닿을 수 없는

단 일 초의
거리

# 누명

무화과가
자기는 결단코
無花果가 아니라고
빨갛게 속곳을 까뒤집어
보여주자

참나무가
옷섶을 헤쳐
누명이 씌워진 옥구슬
몇 알을 보여주며
무화과의 등을
토닥거려주었네

나도
나인 척
행세하는 습관
고칠 수 없네

# 석상암

검은 가사(袈裟)의 스님이 한 분
마당을 가로질러
사립까지 마중을 나왔다

내 무릎에 이마를 맞추고는
이내 토방으로 올라가
가부좌를 틀었다

아슬아슬 묘기에 가까운
생은, 꼬리 치고 핥고 짖을지라도

턱 아래는 바짝 조인
가죽 염주를 두르고

꾸벅꾸벅 졸고 있는
절 한 채를 본다

나를 본다

## 등 속의 집

가을마당 환하게 밝힐
금목서 한 그루를 심었다

구덩이에 분을 묻고
채운 흙을 다 밟아줄 무렵
베트남 인부가 웃으며
하늘을 가리켰다

새집이었다
나무를 샀는데 기념으로 집 한 채가 오다니!
행운이라는 생각의 이파리 속에
집의 주인이 도사리고 있었다

지금쯤 호덕리 까막재
온 산판을 휘젓고 다닐 생각 하면
이제 주인이 바뀌었다고
등기 이전을 해둘 수도 없는 일

놀라운 건 내가 두 필지 오백여 평 산밭을 뒤져

고르고 또 고른 딱 한 자루 등촉이

새가 산밭 위 산자락까지 합친 여남은 필지의
수만 평 산골 물골을 더터 점을 찍은
딱 한 채 보금자리의 터였다니!

새에게 치러야 할 변제가 남아 있긴 하지만
인연이라면 인연인 나와 새의
한 치의 오차도 없이 치수를 잰
안목이 빚어낸, 나와 새의
하이파이브가 이루어낸
난감한 등, 속의 집 울 밖으로

멀쩡한 마당을 밝히려다가 숫제
종족을 초월한 동지에게
배신을 때려버린 꼴이
되어버린 건 아닌지
괜한 마음 한 편에 그늘 하나
생겨버리고 말았다

# 화상(火傷)

찌개를 데우려고
가스 불을 켰는데 실수로
다른 화구(火口)의 불이 켜져
냄비 손잡이를 달구고 있는 줄도 모르고
냄비를 들다가 뜨거워
혼절하는 줄 알았다
황급히 얼음을 꺼내어
한 식경쯤 환부에 대고 있었더니
신통하게도 통증이 줄어들더니
물집도 안 잡히고 말짱해졌다 요것들
얼음이 몸속에 박힌 불을 불러내어
무슨 일을 저지른 것이다
열(熱)과 냉(冷)의 애무가 있었던 자리에
흥건하게 애액이 고이고
선홍빛 도장이 찍혔다 오늘밤

수십 년 당신에게 덴
묵은 환부에도 가만히
얼음을 갖다 대어버릴까?

# 낯선 식구

익금리 마을 창고 앞마당에
갓 캔 마늘이 따글따글
푸지게도 널려 있어
팔지 않으려나 물으려고
아무 집이나 들어가 주인을 불렀다
헌데 거동이 불편한 듯
눈도 귀도 어두운 듯
허리 구부정한 노인이 방문을 열고 나오면서
누귀요? 하길래
마늘을 사려 한다니까
마늘은 접어두고 찬은 없어도
밥 한술 뜨고 가란다

자기 집이나 식당에서 먹어야 할 밥을
생판 낯선 집에서
처음 본 사람이 차려주는 밥을 먹어야 하다니!

내가 세상에서 가장 꼬박꼬박

챙겨 먹는 밥을 내 배고플까 봐
피붙이처럼 살붙이처럼
챙겨주는 사람이 있다니!

남도 바닷가 마을 곳곳에
내 모르는 내 식구들이
창고 앞마당 마늘처럼이나 널려 있을까?

졸지에, 허를 찔러버린
밥에 정신이 팔려
마늘도 못 사고 나오는데
한술 더 떠

찰싹찰싹 파도 소리까지
들어가서 밥 한술
뜨고 가지 그러냐고
동구 밖까지 따라 나오는 걸,

괜찮다고 밥 안 먹어도 참
따뜻하게, 배부르게
큰 대접 받고 간다고
어깨를 다독여
돌려보내 주었다

## 목백일홍에 기대어


태풍에 목백일홍 나무가 넘어졌다
상한 가지들을 잘라내고
겨우 몸통만 일으켜 세워
뿌리를 단단히 밟아주었다

이듬해 내 정성에 보답이라도 하려는 듯
주뼛주뼛 기척이 있더니
이태가 되자 또
이파리며 가지들을 왁자하게 벋어내고
아무렇지 않게 꽃봉오리들을
백 일 동안이나 피워 올렸다

나무뿐이겠는가
아비가 되고 지아비가 되어서
한 가계를 꾸려나가는 나에게도
나 같은 사람이 왜 없었겠는가

다듬어주고 다잡아주고 다독여준

세상의 손들을 생각하면 내 꽃은
백 년을 피워도
천 년을 피워도
모자라지 않겠냐고 그럼
그렇지 않겠냐고
매앰매앰……
참대숲의 가수들이
목백일홍 꽃잎들이 자지러지도록
자기들 십팔번을
불러주었다

## 눈칫밥

닭 모이를 주었는데
참새들이 몰려왔다
닭들은 당당하게 가까운 곳부터
차분히 먹어가는데
새들은 가장자리에 흩어진 것부터
흠칫흠칫, 작은 소리에도 놀라면서
닭들의 눈치를 보며
잽싸게 낚아챈다

살다 보면 본의 아니게
눈칫밥을 먹어야 할 때가 있다
눈치라는 반찬 한 가지를
곁들여야 하는 남의 밥
괜찮은 줄 알면서도
그 자리에 끼어 밥을 먹으면 안 된다는
적어도 이것만은 안 된다는
새들도 알고 있는
잘은 알 수 없는 어떤 규칙 같은 것
남의 옷, 남의 신발, 남의 장갑은

스스럼없이 빌려 쓸 수 있는데
왜 밥은 안 될까

거꾸로 생각하면
밥은
남의 눈치를 봐가면서도
먹어야 하는 절박한
그 무엇이기 때문은 아닐까

그렇다면 눈칫밥은 되레
인류에게 허락된 어떤 쓸쓸한
선물 같은 것은 아닐까

그 선물을 삼시세끼 받으며
어느 날 핑그르르 도는 눈물 한 방울을 뚝!
떨어뜨리고는 졸업을 앞둔 고3
학업을 작파했다는 어느 시인*처럼

새들도 더는 안 되는

닭들의 눈치를
눈치챘는지
선물 몇 알씩을 챙기고는 후딱!
날아가 버리고 없다


\* 오탁번 시인의 「시화(詩話)」에서

# 난감한 집

폐암의 아버지도
뇌경색의 어머니도 병이 깊어갈수록
한 가지 소원은
한 번만이라도 좋으니
집에 데려다달라는 거였다

병석의 몸으로 두 분 다 기어이
소원을 이루셨다

딴 세상에서까지 꼭 끌어안고 계실 집을
팔지 않겠느냐고
이장님한테서 연락이 왔다

오늘은 멧비둘기 부부가 와서
한참을 내려다보며
고개를 주억거리고 갔다

# 우럭

고흥읍에 아리랑 매운탕 집에 가면
아내는 꼭 친구 미랑 씨를 팔아먹는다
그래야 건더기 한 점이라도 더 먹을 수 있다나
카운터 보는 주인 아저씨가
미랑 씨 남편 불알친군데
녹동이 고향인 미랑 씨 남편을 나도 안다
한번은 고향에서 횟감을 가져와
친구들을 부부 동반으로 초대했는데
가서 노래방까지 대접을 잘 받은 적이 있다
근데 재밌는 건
중매로 만난 미랑 씨 결혼 이야기다
처음엔 미랑 씨가
까무잡잡한 신랑감의 살빛 때문에
좀 망설였는가 본데
미랑 씨 할머니의 수(手)가 있었단다
야야 고기도 껌은 고기가 맛있단다
해싸면서 껌은 고기 쪽으로 자꾸
미랑 씨를 몰아붙였다는 것이다

중매쟁이의 은밀한 미끼가 있었다는 걸
알게 된 건 결혼 후
한참 지난 뒤의 일이었다나
아무튼 자기가 껌은 고기인 줄도 모르는,
미랑 씨가 잡은 껌은 고기가
미랑 씨 입맛에 썩 맞아 보이기는 한데
하필이면 또 그 집
껌은 고기 매운탕이
우리 부부의 단골 메뉴인 걸 보면
미랑 씨 할머니의 수(手)에
일리가 있긴 있는 모양이었다

# 습관

제 때에 먼 남쪽 나라로
돌아가지 못한 물총새들이
꽁꽁 언 얼음판에
총천연색 날개를
활짝 펴고 처박혀 있다

몇몇 살아남은 치들은
물 밖으로 건져 올려지면
곧장 얼어 죽는
파들거리지도 않는 물고기를
공중제비 돌려 가며
기절시킨다
여름의 습관이다

누구도 처음부터
이 별의
여객이었던 사람은 없다
생은 죽음의 습관이다

# 먼 곳

학교에 있을 땐
시만 읽고 시만 생각하면
행복할 것 같았다

퇴직을 하고
시만 읽고 시만 생각해도
행복하지가 않았다

다시 학교로 돌아갈 수도 없고
시를 멀리하기로 했다

시를 멀리하니
시가 그리워졌다

아무래도 행복의 서식지는
먼 곳인 것 같다

그곳에 가지 않아야겠다

# 꽃구경

1913 송정역 시장
허름한 식당이었다
칼국수를 시켜놓고 기다리는데
별안간 '야~' 하는 환호와 함께
짧고 빠르게 치는 박수 소리가
우리 일행을 놀래켰다
뒷자리 혼자 온 젊은 여자 손님이었다
행색을 보아하니 행여 사랑을 멀리 보내고
어느 외진 곳에 쭈그리고 앉아 하염없이
울다가 울다가 눈물을 훔치고 왔거나
무슨 말 못 할 곡절 있어 사랑으로부터 멀리 떠나와
아무 역이나 내려서 무작정
걷다가 걷다가 허기를 달래려
발길 닿는 곳으로 들어온 것은 아닌지
별의별 상상을 하게 하는 얼굴이
내려다보는 탁자를 본다

작은 접시에 연어초밥을

하트 모양으로 배열하였는데
초밥 하나하나를
삶은 미나리 줄거리로 둘러 묶었고
그 매듭마다에 또 하트 모양의 떡잎
새싹채소를 꽂아놓았다
초밥의 가운데는 반으로 가른
빨간 방울토마토 하트를
화룡점정, 올려놓았다

그러려니, 그러니까
울어야 할 처지를 깜박 잊고
환호작약, 무슨 꽃망울 같은 것을 터트린다는 것
방심한다는 것
그 틈을 비집고 세상엔 꽃이
피어나는지도 모른다

자가웃쯤 나갔던 눈을
얼른 거둬들였다

## 목련의 전생

잎 다 떨군 목련나무
한 가지 끝에서 두 갈래로 나뉘어
가지가 벋어 나가는 걸 본다
연이어서 V자를 그리며
한 걸음 한 걸음씩 딱 두 갈래 길을
나 보린 듯 주저 없이 간다

나는 살아오면서 두 갈래 길 중에서
한 길을 선택하는 게 가장 어려웠다

생의 굽이마다에 도사리고 있었던 어려운 숙제였다
갈 수 있는 길 하나를 버려야만
갈 수 있는 길 하나를 걸어서
나는 여기까지 왔다

속 훤히 들여다보이는 목련을 가만
보고 있으면
나는 그의 전생쯤 되는 것 같기도 하다

후생이 되어
팔자를 고친

## 수심

암컷 전복은 깊은 물에서
녹조류를 먹고 살아서
내장이 푸르죽죽하며,
수컷 전복은 얕은 바다의
누런 해조류에 서식하여
내장이 누르죽죽하단다
암컷과 수컷이 서로 다른 깊이에서
서로 다른 꿈을 꾸며 살다가
어떤 극적인 수심을 가진다는데
하늘거리는 침묵과
고요한 지느러미가 달린
그 수심이라는 말,
물속에만 있는 게 아니어서 참!
저마다 수심을 재어가는 횟집의
등을 구부린 저, 저
전복들의 수심도
적절한 수심을 가져야 한다는 듯
제 몸에 칼을 들이는 결단을 내리고

상에 올라서야 드디어
전복은 전복이 되어
수심의 본색을
드러내었다

# 밥값
— 운남 풍경


옥수숫단을 잔뜩 짊어져
보이지도 않는 나귀 새끼들이
잎새에 달라붙은
아침햇살들을 찰랑거리며
곁눈질 한 번 없이
눈 감고도 찾아간다는 듯이 연신
고개를 끄덕인다

찰랑찰랑
찰랑찰랑

개울을 건너고
우물을 지나고 왼쪽 오른쪽
골목을 돌고 돌아서
축축하게 젖은 이마를
마중 나온
할머니 손길에 내맡기며
사립문에 막 들어선다

산다는 게 뭔지

빠삭하다는 듯

# 민물이 있던 자리

강천산 갔다가 오래전
매운탕 집 생각이 나서
내비를 찍었다
강가에 평상이 있었고
비닐 천막도 있었던
가물가물 낡은 배 한 척
말끔하게 커피숍이 되어 있었다
이전 안내문을 따라 찾아간 그곳은
그러나 그곳은 아닌 듯
썰렁한 조립식 홀엔 서빙 아주머니 한 분
이곳이 그곳이냐고 물으니
시큰둥하게 그렇다는 대답
헌데 아무리 둘러보아도
눈 씻고 둘러보아도 예전
그곳의 자취는 찾을 수 없었다
찾아온 걸음이 아까워
소짜리 하나를 시켰는데 첫 수저에
아~ 혀끝에서 만져지는

오래전의 거기, 거기, 거기
초등학생 아이 둘과
젊은 부부가 있었던 자리
지금은 없는 것들이 있었고
지금은 있는 것들이 없었던 거기
바쁘게 메기 살을 바르고
시래기를 건져 올리던 거기
마음먹고 올라온 적 없는데
멀리 사는 나까지 데리고
먼 언덕배기로 올라와
용케도 혀끝에서 아슬아슬
비닐 천막이 펄럭거리고
평상이 삐거덕거리는
소리를 들려주는 거기
민물이 있던 자리

## 목련의 포란

산수유며 청매화며 다들
잎을 떨궜는데
목련은 어쩌자고
그 넓은 잎들을 겨울이 다 되도록
붙들고 있나 궁금했었다 헌데
오늘 그 비밀을 알았다

첫눈이 오고 잎 떨군 목련나무
가지 끝마다 솜털 보송한 몽우리들
촘촘히 맺혀 있다 그러니까

기다려준 것이다
가려준 것이다
어린 새끼들이
영글어질 때까지
어미가 날개깃을 펼쳐
알을 품어준 것이다

어떤 개구리는 천적이 깨어나기 전
알을 낳기 위해 너무 일찍 서두르는 바람에
꽃샘추위에 얼어 죽는 놈들이
부지기수라고 한다

101호 어르신은 마흔둘 뇌성마비 아들보다
딱 하루만 더 살았으면 한다는데

같은 이유로 누구는 조금 더 머물러야 하고
누구는 좀 더 일찍 나와야 하고
누구는 더 오래 살아야 한다

인간이 추구하는 것은 진정
행복이 아니라 성스러움일까? *

행복도 성스러움도 아무
세상 물정도 모르는,
모이를 주면 포르릉

뛰어내릴 것 같은

아슬아슬한 저 꽃병아리들

꼭 붙들고 있는 떨리는

손들을 본다



\* 데이비드 브룩스의 「인간의 품격」에서

## 버려진 냉장고

어머니 산소 가는 길
뒷골 산밭 귀퉁이에 누가
냉장고를 버려놓았다

한 시절 잘 보낸
고물 냉장고 슬몃 열어보니

호미, 낫, 토시, 면장갑…
칸칸이 채워져
드러누워서도 한몫 단단히 하고 있었다

저 둔덕 위에도 봉긋
털벙거지 쓴 냉장고
속의
농기구 한 벌

평생 땅 파고
풀 베었던
그리운

# 묵언(默言)

금탑사라고 들어보셨는지요?
고흥군 포두면 천등산 가슴께에
바스락 소리도 없는 나뭇잎 하나처럼
고요히 엎드려 있는 절이 하나 있지요
세상이 궁금한 더벅머리 청년 셋이서
그 절 주지 스님을 만나러 간 적이 있지요

신도들 불공 드리는 소리 분주한 산사의 밤
기다려도 기다려도 스님은 오지 않고
뜨신 구들방에서 흰 고봉밥 공양 잘 하고
산길 십여 리 터벅거리며 내려왔지요

사십여 년 지난 지금 생각해보니
그때 이미 스님은 말씀하셨던 거지요
뜨신 방에서 잠 잘 자고
배부르게 먹었으면 된 거고
궁금한 세상은 살아보면
세상이 대답해줄 거 아니겠냐고

늦게서야 그 말씀
깨닫게 되었지요

# 불 속의 날개

콜롬비아 밀림의
산불 연기 속에서
한 소방관이
흰 새알 네다섯 개를 거둘 때
나는 언뜻 보았다

마치 그것이
한 우주의 축약(縮約)이기라도 한 것처럼
두 손을 모아
받쳐 올리는
예사롭지 않은 그 손길을

뜨겁게 식은 그것을 마치
무슨 수(手)가 있기라도 한 것처럼
천천히
떠받들어 올리는
한 장엄한 의식을

불이 품은
접힌 날개들의
조용한 이륙을

# 빈집

현관문을 열고 나오는데 포르릉
머리 위에서 새 한 마리
어둠 속으로 날아간다
달포 만에 내려왔더니 이놈이 그새
처마 밑 전등 덮개를
둥지로 삼은 거다

그렇잖아도
봄 되면 천장에서
작은 나방들이 쏟아져 내려오고
여름이면 뒤꼍 처마에는
말벌들이 솥뚜껑만 한 집을 짓고
때아닌 낮은 포복을 시키지 않았던가?
행랑채 지붕 아래는
참새 떼가 무시로 들락거리며
터를 잡은 지 오랜데
녀석까지 비집고 들어오면
어쩌자는 것인가

조금 심하다 싶기도 한데
허나 또 어쩔 것인가
식구 하나 늘었다 셈 쳐야지

이미 대처에 뿌리내린
나무가 되어버린 나
를 두고
이 집의 주인 되기 글렀음을 알아차리고
새 주인들이 나타나 속속들이
영역 접수를 해 오는 것인가
뭔가!

# 담장의 마음

담장이 무너졌다 단지
오래되었다는 이유로
담장이 무너졌을까
무너진 담장을 쌓아 올리다 보니
모나고 각진 돌들이 하나같이
각자 자기 자리를 찾아
되돌아가는 걸 본다
집나온 강아지를 달래어 돌려 보내듯
마지막 돌덩이 하나까지 딸깍 얹어
제자리를 맞추어놓으니
무너져내린 마음들은 감쪽같이 사라지고
허물어졌던 집과 골목이 다시 바짝
넥타이를 고쳐 맨 듯 태연하다
담장을 고쳐놓고 보니 고쳐진 건
담장이 아니라 무너져내린
내 마음이라는 생각이 든다
왜 담장이 무너지면 마음도 무너질까
구름이 흘러가면 마음도 흘러가고

해가 뜨면 마음도 환해질까

탈탈 면장갑의 먼지를 털어버리고

나도 가만히 모나고 각진 돌들

틈서리에 박히는 심정으로

내 마음속으로 들어가 앉아본다

고 생각하면 딸깍

소리도 나지 않는 내 마음은 담장

먼 구름 그리고 환한 햇살

생각나지 않아도 좋을

생각해야 될 것들을 가만히

집 밖으로 밀어내고 또

집 안으로 끌어안는

고쳐진 내 마음은 언젠간

무너지고 말 당신과 나 사이의 어떤

긴박한 경계 또는

느슨한 접합의 제국

# 염소

염소의 뿔의 목표는
목표물을 산산이 깨부수어
박살을 내어버리는 것일까?
염소가 상대를 들이받기 위하여
앞다리를 꺾어 높이 치켜들고
두 눈을 내리깔고 곧추세운 몸
하강 직전의 폼을 생각한다
팽팽하게 당겨진 시위를 보듯
극한까지 끌어올려진 저
살기등등한 한 발 물러섬을 보라

보이는 건 뭐든지
들이받고 씹고 짓이겨서
작살을 내놓고야 마는 무법자 그게
나무껍질이든 가시 이파리든
풀밭이든 언덕이든
시냇물이든 마을이든
하늘이든 구름이든
지상에 어질러져 있는 것은

모두 다 말썽꾸러기
염소의 소행이 아니고 무엇이겠는가?
눈을 봐라 저 멀리 해와 달도
오그라뜨릴 수 있는
용한 재주가 있지 않은가

그러나 착한 염소는 싱겁게도
세상 뭐 하나 건드려놓은 게 없다
밤새 되새김질을 하여 모든 걸
제자리로 돌려놓는다
그 허망한 과장법까지를 다 돌려놓고
다음 날 아침이면 또 아무렇지 않게
그 살가운 꼬랑지를
산들산들 흔들며
산이든 들이든 어서 가자고
앞장을 선다 일단
느려터진 해부터 한 방 냅다
질러박아 올리며

# 운명

햇빛 한 올도
바늘귀에 꿸 것 같은
백주대낮에도
그는 잘 보이지 않는다
캄캄한 골목
절망의 모퉁이에서
뒤돌아보면 그는
언제 왔는지 성큼 다가와 있다
무너져내리는 내 어깨를
가까스로 부축해놓곤
말없이 돌아서 가버리는
쓰디쓴 약 같은 이름
사는 게 다 운명이려니
되뇌고 보면 한결
수월해지는

# 중심(中心)

괘종시계의 추는
중심을 지나지만
중심에서 멈추지는 않는다

가지에 앉은 새가
중심을 잡으면 휘청!
가지도 중심을 잡지만
새도 가지도
중심에서 멀어진다

중심을 물고
새는 날고
가지는 흔들린다

나는 지금
네 가지에서
호시다

## 사랑의 가격

주인을 기다리는
어린 반송(盤松) 한 그루의
연두색 솔잎에 찜을 당했다

석양빛에 물든
연두의 바늘들에 찔려 넋을 잃은 내
마음을 읽은 아내가
가격을 흥정하는데,

남편을 많이 사랑하느냐는
묘목원 주인 여자의
뜬금없는 질문에 서슴없이
그렇다고 대답하는 대화를
멀찍이서 들으면서

그 물음과 대답에 연달아
당황하였다

나무의 가격에
돈은 그렇다 치고
사랑은 또 웬 참견일까

설마, 돈을 세다
사랑을 세어버리고 싶은
사람이 있을까

# 수준별 꽃구경

서너 살 아이가
제 머리보다 커다란
솜사탕을 들고 있다
한 꺼풀 한 꺼풀 조그마한 입으로
아이는 오늘 중으로
솜사탕을 다 먹을 수 있을까
한 손에는 엄마 손을 쥐고 아장아장

꽃구경을 나온 아이 곁에서는
교복을 입은 여학생들이 찰칵찰칵
꽃을 배경으로 셔터들을 눌러대고
까르르까르르
하르르하르르
웃음소리들은 떨어져 내리고

아내는 언제인가부터 사진을 찍지 않는다
찍어둔 사진이 많이 있다며
예뻐라! 예뻐라!

꽃들만 만지작거린다

아장아장 까르르까르르 만지작만지작

꽃은 자상하게도
아이와 학생들과 우리를
일일이 구별하여
수준별 꽃구경을 시켜주고 있었다

# 식구

호스피스 병실 환자에게
간호사가 이분 누구냐고
그의 아내를 가리키며 물으니까
그가 할딱거리는 가슴을 누르고
퀭한 눈의 초점을 지그시 모으더니
식구!
라고 대답한다
재깍재깍 초침 소리를 지우며
집사람도 마누라도 아닌
식구, 라고 한다
모르는 사람끼리 만나서
오래 밥을 같이 먹어버린
밥으로 똘똘 뭉쳐진 두 사람
밥은 접착력이 강하여
자기들끼리도 잘 붙지만
사람도 떼려야 뗄 수 없을 정도로
붙여버리는가 보다 그리하여
남모르는 사이가 되어버린,

오랜 밥이 붙여버린 두 사람
조만간 한 사람이 떠나면 또
한 사람은 밥을 해야 할,
옴짝달싹 못 하고 서로에게
손이 되고 발이 되고
호구(虎口)가 되어버린 두 사람
지금껏 밥에 대하여 말고는
무슨 말을 하고 살았나 싶은
나와 당신처럼

# 물고기 심부름

어느 세상을 떠돌다 여기 와서
그 소중한 것을 놓아버렸을까?
백양사 요사채 댓돌 아래 고요히
날개 접은 밀잠자리 선승 두 분 내려다보는데
철퍼덕! 철퍼덕! 아까부터
앞뜰 비단잉어들 육탁 치는 소리 심상치 않아
다가가 보니 아! 물고기들이
나를 불렀구나! 기다렸다는 듯
한껏 입을 벌리고 내 발걸음
따라다니는 탁발승들께 뭘 바쳐야 하나?
불현듯 선승들 생각이 나 허락도 없이
그 육신들 보시를 한 오늘은
들리지 않는 먼 곳의 부름을 받고 웬
물고기 심부름 하나를 하였다고
일기에 써도 되겠다 싶네 어쩌면
삶이라는 게 누구의 심부름쯤 되는 것은 아닐까?
먼 심부름을 마친 선승들 육신을 거두어
허기진 목숨들 달래었으니 내 심부름도

어린이라면 예쁜 도장 하나 받을 수 있겠다 싶고
못에 노니는 스님들도 알록달록 화려한
비단을 두르고 구경꾼들 마음 등 밝히는
심부름 중이고 해도 달도 별도 누군가는
꼭 해야 할 심부름 중인 것 아니겠는가?
심부름, 그럼그럼, 흰구름보다 가볍게
하늘길 노 저어 가는 투명한
선승의 장삼 자락 두 벌
아직 끝나지 않은 아득한
심부름의 피날레를 보네

# 어떤 손

아내의 손버릇 때문에 힘들다
시장에서 사과 한두 개 더 넣고
꼬막 몇 개 더 집어넣고 하다가 주인한테
한소리씩 듣는 것은 다반사고
한 번은 화옥에서
비닐 멍석에 말려놓은 서대를 사는데
주인 여자가 바가지 가지러 간 사이에
큰 것만 골라서 모아놨다가
야무지게 한번 당할 뻔했다 또 한번은
사덕리 산책 갔다가 덕촌마을 어귀
고추밭에서 풋고추가 약이 올랐다며
막무가내로 주머니에 따 담고 있는 걸
저만치서 밭주인이 가만
보고 있는 거였다
어이가 없었는지 반백의 그 주인 남자가
실실 웃으며 다가와 몇 개 더 따주면서
비닐봉지까지 챙겨준 적이 있다

그럴 때마다 나는 눈을 흘기며
화를 내다가도 금방 풀린다

키가 조금만 크다면
별도 따 올 여자다

# 염소 고기

지등마을로 시집간
순이 누님 사흘거리로
매 맞고 살다가
소박맞고 돌아왔다는 소문
파다할 즈음이었다
언제부턴가 그 마을
발정 난 숫염소 하나가
매일같이 종골 산을 넘어와
우리 염소 먹이던 조무래기들
성가시게도 했는데, 하루는
마을 어른들이 홀랭기를 들고 다니며
뿔이 커다란 그 흰 염소 행방을 묻곤 했다
그러던 어느 날 밤 자다가 깨어나
툭시발에 담긴 염소 고기를
맛나게 먹은 적이 있는데
어머니는 몇 번이나 눈을 크게 뜨고
입단속을 하였다 그러면
안 되는 줄 알면서도 나는

불쌍한 순이 누님을 생각하며
염소 고기를 먹게 된 건 정말
잘된 일이라고 어금니에 힘을 주곤 했다
그때나 지금이나 나에겐 좀
모자란 데가 있는 성싶기도 한데
이런 나에게 로션을 발라주고
머리를 빗겨주는 나를
진짜 나라고 나는 생각해도 될지
어떨지 요즘 곰곰 생각 중이다

# 월봉사

팔순 장모님 시골에서 올라오시면
절부터 가자고 조르신다
절에만 가면 머리도 안 아프고
숨통이 터져 살 것 같다신다 헌데
절에 가서 하는 일이란
부처님에게 절을 하는 것도 아니고
시주를 하는 것도 아니고 고작
그늘에 돗자리 깔고 앉아서 누워서 딸이랑
아들 며느리 흉보며
이런저런 이야기하며 쉬는 것이 전부다
하긴 부처님도 안 계시고
스님도 없는 절에 가서 할 일이 뭐겠는가?
그런 장모님을 모시고
오늘도 우리는 절로 간다
계란도 찌고 김밥도 말고
돗자리도 준비해서
신통방통한 효험이 있는 절로 간다
따지고 보면 앞뒤 꽉 막힌 새장 같은 아파트

숨 막혀 답답하다는 장모님에게
집만 벗어나면 절 아닌 곳 어디 있겠는가?
산도 절이요 물도 절이요
처처가 절이다 그리하여 우리는
백일기도 천일기도
불공 드릴 일도 없는
고봉 선생 아시면 뒤로 자빠지실
월봉서원(月峯書院)*으로 간다
월봉사로 간다

* 조선 전기 학자 고봉 기대승의 학문과 덕행을 추모하기 위해 창건한 광주광역시 광산구에 위치한 서원.

## 명랑한 낭패

퇴직을 하고 기타를 배우는데,
기타를 메고 아파트 정문을
오가는 나에게
괜한 어린애 불알 만져보듯
사람들 관심이 많다
얼마나 다녔냐?
칠 만은 하냐?
무슨 노랠 배우냐?
그래 사람들 마음의 현(絃)에는 다들
튕기고 싶은 가락이 있을 것이다
헌데 오늘은 수업이 끝나고 오는데
두 사람이나 기타 멘 날
위아래로 쓰윽 훑어보고는 한술 더 떠 씨익
웃기까지 아니한가! 그래
저분들 가슴에도
추억의 소야곡 한 소절씩은
다들 흐르고 있을 터이지
하고는 엘리베이터를 탔는데 아뿔싸!

이런 젠장

남대문이 열려 있는 게 아닌가!

얼떨결에 쥐구멍이라도 찾으려는데 아차!

이미 쥐구멍에, 것도 거울이 달린

커다란 쥐구멍에

들어와 있지 않은가!

이왕지사 쥐구멍에서 쥐도 새도 모르게

매무새를 고치고는

얼른 또 집에 가서 시치밀 뚝 떼고

사람들 시선이 성가시다고

엄살을 떨어야지

뻥을 까야지

## 따뜻한 돌

선배한테서 빼앗다시피 얻어온
주먹만 한 돌멩이 하나
고개를 왼쪽으로 묻고 까맣게
몸을 오그리고 있다
강아지 같기도 하고 곰 같기도 한데
다시 보면 또 강아지 같지는 않고
곰 같지도 않다 아무튼 기척을 하면
고개를 들어 올려다볼 것 같은
순한 짐승 같기는 한
돌멩이 하나가 처음 나를 보자 맘속으로
따라나서고 싶다고 졸랐던 건 아닐까
그렇지 않고서야 어떻게 첫눈에
집에 데려가고 싶은 생각이 들었겠나?
졸졸 우리 집에 따라와서는 또
아무렇지도 않게 고개를 왼쪽으로 돌려
제 어깨 위에 묻고 있는 것인데
이를테면 내 비어 있는 어딘가를
제 집으로 삼은 셈인데

나는 또 그게 안쓰러워 가만히
쓰다듬어보는 것이다
컹컹 짖을 줄도 모르고
날카로운 발톱도 없는
돌멩이만은 아닌
돌멩이 하나를
짐승만은 아닌
짐승 한 마리를

## 설산

붉은 머리띠를 두른
아픈 아버지가 아들을
산 아래로 내려 보낸다

동충하초를 팔아 약을 사 오면
내년 봄

스무 살 아들은 휘~ 휘~
소리를 지르며 야크 떼를 몬다

아버지는 가장 높은 산봉우리를 향하여
아들의 행복을 비는
기도를 올린다

산꼭대기들은
희고 눈부시며
아름답다

# 어떤 사람

 지죽동 밭에서 매실나무 가지치기를 하고 있는데 작업복 차림의 한 사람이 다가와 저 나무 팔지 않겠느냐고 한다 돌아보니 묵정밭 매화나무를 가리킨다 그거 주인이 따로 있다고 하자 나무는 저렇게 사람 손이 안 탄 나무래야 제값이라며 요모조모 한참을 들여다본다 파라솔처럼 어깨를 활짝 편 꽃무리를 보려고 무던히도 손댔는데 그 말 듣고 보니 고개가 끄덕여진다 이름값 깨나 한다는 흑매가 그렇고 홍매며 고불매가 그렇지 않은가

 나는 너무 많은 손을 탔다 그중에서도 내가 가장 많이 나를 만졌다 이 가지 저 가지 자르다 보니 뭉툭한 몽둥이만 남은, 나는 이미 나 아닌 나인지도 모른다

 그러고 보니 아까 그 사람 온데간데없고 냇둑 너머로 웬 재두루미 하나이 끼루룩끼루룩 공연한 혼잣말처럼 허공을 다림질하고 간다

# 봄편지

　　　1
참새 떼가 몰려와
짹짹짹짹…
쫑알쫑알쫑알쫑알…
지들끼리 난리도 아니다
대추나무 가지가 부러질 판이다

지랄용천한다고
기영물을 착 찌끌어버렸을 것이다
어머니 살아 계셨다면

저 소리 거둬다가
남광주 시장 상황버섯 굼벵이
다라이 곁에 나란히 놔두면 쓰겠다

한 반 근만 사다가 그때
어머니 머리맡에 두었으면
귀 쫑긋 눈 번쩍

잡녀르 소리난세
저승길 편히 못 가겠다고
벌떡 일어나셨을 것이다


    2

뾱뾱뾱뾱…

뾰족뾰족뾰족뾰족…

이렇게 뾰족하게 생긴
단체 손님들이 곧
들이닥칠 거라고
허공을 일일이 오려
손에 쥐여주는
속달 등기

## 갯고둥

그들은
거의 정지한 것처럼 보이지만
뻘밭에 곡예 비행운처럼 그려진
구불구불한 궤적을 보면 그들이
얼마나 아름다운 생을 그리는지
알 수 있다 *

너무 느려서
그리는 모습을 볼 수 없는
온몸의 붓으로 그린 그림책에는
짱뚱어의 왕방울 눈이
칠게의 날랜 발자국이
농게의 커다란 집게발이
쉼 없는 바람의 손길이
구름의 입술이
가끔, 아주 가끔은
당신의 얼굴이
페이지를 넘기며 들락거리고 있다

그러나 그들은 너무나 빨라서
아무도 책의 저자를
알 수 없을 것이다


* 인터넷 '갯고둥' 설명 자료를 변용함.

# 일생


하루를 사는
하루살이의 나이는
인간의 나이로 치면 백 살이다
하루살이의 입장에서 보면
백 년을 365번을 살고 또 그것을
백 번을 사는 인간을
영원히 사는 존재라고
생각할지도 모른다 아니아니, 어쩌면
영원히 살 것 같은 착각에
빠져 사는 내 낌새까지
알아차려 버리고 있을지도 모를 터
어찌, 하루를 산다고 하루만큼 생각이 짧겠는가
어찌, 백 년을 산다고 백 년만큼 생각이 깊겠는가
하루에도 별일이 있어
하루 살기도 고단한 판에
냇둑에 무리지어 노니는 저이들
저것은 정녕
노래일까
춤일까

# 작은어머니


나 중학생 때쯤이었을까 옆집에
먼 친척뻘 할머니 한 분 사셨다
사위가 사준 집이라 했다
동그란 얼굴에 앞머리가 조금 벗겨지고
검정 오버코트 차림으로 자주 드나들던
구암초등학교 교장이라던 초로의
그분을 기억한다
헌데 한 번은 시골집에 갔더니
산이 돼버린 그 집터에서
나무를 베어내는 한 사람이 있었는데
그 교장 아들이라고 했다
나보다 서너 살 위 쯤 돼 보이는 그는 나를 보자
어디서 이런 좋은 꽃나무를 샀냐고
마침 만개한 홍매화를 가리키며 말을 붙여왔다
서울서 사는데 집터를 내놓으려고
동오치 작은어머니 집에서 숙식을 하며
한 달포 잡고 일을 한다고 했다
순간 나는 작은어머니란 말에서 뭔가

야릇하게 만져지는 게 있었다
작은아버지의 아내는 아닐 터이고 으흠!
그 교장 선생님
얼굴이 다시 한번 도렷하게 떠올랐다 그래
그분의 따뜻한 마음 한 자락이 먼 훗날
아들의 푸근한 잠자리가 되고
더운밥이 될 수도 있을 거라고 누가
짐작이나 할 수 있었겠는가?
작은어머니와 아들의 상에
띄엄띄엄 차려졌을
말씨 한 접시, 마음 한 종지까지도
두런두런 들려올 듯 덩달아 나까지
심사가 가지런해지는 봄날
나도 가만히 불러보고 싶은
지금쯤은 나에게도 한 분
계셔도 무방할
작은, 어머니셨다

## 죄에 대하여


요즘 새벽마다
뒤꼍 대밭에서 두견새가 운다
우는 소리가 꼭 누구의 잘못을
따지고 다그치는 것처럼 들린다

짧고 빠른 새소리가
다급해졌다가 뜸을 들였다가
높아졌다가 나직해졌다가 필시
외도를 한 짝을 꿇어앉혀놓고
조곤조곤 조지고 있는 것은 아닐까?

아내가 모르는 내 죄가
냇물에서 건져낸 자갈돌처럼
세상에 드러난다면 어쩌나
그 크고 작은 무늬와 색깔들을
어찌 감당할 것인가 생각하니
소름 돋는다 헌데 가만 들으니

날래게 파닥이는 날갯짓 소리와 함께
아무래도 수상쩍은 저 소리가
부리며 목덜미며 가슴팍이며
사무치는 마음의 정처 곳곳을
서로 쪼아대면서 다독이면서 부르는 행여
사랑의 세레나데쯤 되는 것은 아닐까?

나는 내 멋대로 안도하면서 마치
아무 죄도 없는 사람처럼
새벽 새소리를
아내의 발이 나오든 말든
이불 잡아당기듯이 슬며시
내 쪽으로 끌어다
덮어도 되는 것일까?

## 꽃그릇 설거지


꽃 진 청매실나무 가지가
한 사나흘 머리 안 감은
곱슬머리처럼 얼크러설크러져 있어
어떻게 좀 조발을 해줄까
심란한 맘으로 올려다보고 있는데 때마침
된바람 한소끔에 쓰고 있던 밀짚모자가 홀랑
벗겨져 순식간에 아랫집 지붕을 타고
넘어 날아가 버린다

부리나케 뛰어 내려가 보니
모자가 걸려 있는 터알머리 매실나무
누군가 금방 식사를 마친 밥그릇처럼
말끔하게 전지가 되어 있었다
옳다구나!
꽃도 눈으로 먹는 밥일진대
밥을 먹었으니 밥그릇 설거지를 해줘야지

가장자리 큰 가지 몇 개만 남기고

남은 가지에서 벋은 잔가지 두세 개
또 한 뼘가량씩 남기고 가뭇없는 날들의
기고(氣高)도 만장(萬丈)도 싹둑!
눈대중을 하여 손질을 끝내고
요모조모 들여다보니 영락없이
속이 텅 빈 밥그릇처럼 보인다 당장
밥을 퍼 담아도 좋을 넉넉한
밥그릇 하나가 완성되었다
벌써부터 봄 햇살들 푸짐하게
내려와 놀고 있는 걸 보니
내년엔 매화꽃 밥을 고봉으로 먹겠구나!
졸지에 정원사라도 된 듯
어깨가 으쓱해지려는데 아서라

내 다 안다 아랫목에
꽃보다 더 꽃 같은
고봉밥 묻어놓고
나 기다리시던 뒷산 그분

오죽이나 답답했으면
에이구!
아랫집 한 번 내려가 보라고 홀라당
모자를 벗겨 날려준 것인 줄

# 초원


물소떼가 성난 뿔을 앞세워
암사자 한 마리를 에워쌌습니다

암사자는 황급히 나무 위로 올라갔습니다

부두부들 떨던 암사자가
조금 더 위로 올라가려고
아슬아슬 발을 내딛는 순간
썩은 나무둥치가 부지직!
소리를 내며 넘어졌습니다 쿵!
소리와 함께 암사자도 떨어졌습니다

기세등등하던 물소떼가 갑자기
머리를 냅다 휘두르며
줄행랑을 놓았습니다

본색을 앞서지 못하는
쓸쓸한 뿔들이 뿔뿔이
흩어졌습니다

# 초원 2


갓 태어난 얼룩망아지 하나가
어미 곁에 뽀짝 붙어 있다

아직은 얼떨떨한 세상 곳곳에
천당과 지옥이 제 몸의
얼룩 줄무늬만큼이나 선명하게
둘리어 있을지 알고 있다는 듯 이따금
어린 고개를 끄덕이고 있다

곁에서는 누 새끼들이
없는 뿔을 단련시키느라 천방지축이다

임팔라 새끼들은
흰구름도 뛰어넘을 듯
콩 콩 튀어 오르며 곧 이어질 공연,
연습에 여념이 없다

다들 이번 무대의 주인공들

한번 올라가면,
아무도 내려올 수 없는

# 초원 3

앞다리를 벌리고
조심스럽게 물을 먹는
표범의 양편 볼에서 가만히
스테레오의 파문이 이는가
싶더니

철퍼덩!

순식간에 주둥이를 낚아채어
물속으로 끌고 들어간 악어란 놈
엎치락뒤치락 몇 번의 사투 끝에
되레 표범에게 물리어 나오는 꼴이라니!

표범은 악어를 뒤에서 껴안고
고개를 비틀어 멱을 물고
물 밖으로 나왔다

목숨에 사로잡혀
목숨은 뒷전인 생

나무 위에는 부리가
뒤에 달린 새들이
울고 있었다

# 피어오르는 말

새끼에게 젖을 먹이지 않는
어미 낙타가 있다
새끼가 어미 가슴에
제 뺨과 목을 문지르며
어리광을 부려도 소용이 없다
낙타 주인은 마두금(馬頭琴) 연주자를 불러
어미의 마음을 달래주기로 했다
어미가 마두금 소리에 과연
관심을 보일까 싶었는데 구슬픈
마두금 곡조가 흘러나오자 이내
귀를 기울이더니 눈자위가 젖어든다
높고 깊은 악기의 울음을 따라
고개를 치켜들고 코를 벌름거리며
하염없는 눈물을 흘리는가 했는데
어느새 새끼는 어미젖을 툭툭 치고 있다
마두금 소리가
어미 낙타의 응어리진 마음의 굽이를
돌고 돌아서 서러운 생의 굴곡을

어루만져주고 있는 것일까

말 못 하는 짐승이라고 하지만

수유를 통하여 어미 낙타는 말을 했던 것이고

낙타 주인은 그 말을 알아들었던 것이다

새끼에게 젖을 먹이는 또 다른 말의 가락이

황량한 사막에 저녁연기처럼

피어오르고 있다

낙타와 낙타 주인과 마두금 연주자와

화면 밖의 나까지 그 말을

다 알아듣고 있었다

누구도 스스로의 생 바깥으로 혼자

걸어 나올 수는 없다

## 호상(好喪)

빨래를 너는데
낡은 간짓대 바지랑대가
툭! 부러져 두 동강이 나버린다
수십 년 제 몸 꼿꼿이 세워
양쪽 마당 팽팽히 당겨
식구들 젖은 팔다리 쫙쫙 펴서 잘 말려주더니
이제 세상 일 다 마치고 돌아갈 때가 되었나 보다
시푸른 대밭에서 한 시절 잘 보내고 이 집에
서방도 없이 시집 와 온갖 집안의 대소사
한마디 말참견도 없이 꾹 입 다물고
있는 듯 없는 듯 이파리도 뿌리도 없이
보이지 않는 기둥 노릇 잘 했었는데
노쇠하고 삭은 삭신 오늘 툭
부러지고 나니 부러질 게 부러지고 나니
참 생이란 게 이렇듯
경쾌한 클라이맥스가 있는 것인가? 싶다
혼자서 비바람 다 맞고
천둥 번개까지 견디다가

더는 버티지 못할 지경에 이르러서야
어느 날 폭삭 주저앉아야 한다는
생의 순리를 몸소 보여주며
스스로 퇴장하는 모습은 얼마나
기특하고 갸륵한가?
일생에 단 한 번 툭! 부러지는
바지랑대 소리처럼 저녁에는
백십사 세 당곤리 고모님의
부음이 왔다

# 농담

군에 가기 직전
집에서 놀 때 적적하여
노란 새끼 오리 세 마리 사 와서
소일하던 때 있었다 헌데 어느날
사립 밖 논 가에 조그만 물웅덩이가 있어
거기를 데려가 풀어놓자 고놈들
제 세상 만난 양 좋아라
날갯짓 해쌓는 걸 보고
잠시 집에 와 쉬었다 나가보니
아이고머니!
이런 끔찍한 일이……

한바탕 전쟁의 잔해를 치우고
쌀을 두어 되 퍼다가
신오치 닭전에 가서
비슷한 크기로 세 마릴 사다가 놓고
품앗이 간 어머니 눈치채실까
조마조마 염주알 굴리던 시간들

입대가 가까워진 두어 달 후
새끼들이 제법 어미 티를 낼 무렵
어머니께 고백을 했더니 글쎄
믿기지 않는다며 웃으셨다

나도 어머니의 그 믿기지 않는다는 말씀
믿지 않고 살아온 지 어언
사십여 년이다

## 뻘밭에서

온몸에 뻘을 뒤집어쓴
칠게 한 마리가 벌벌벌 기어와
슬몃, 짝 앞에 멈추더니 별안간
집게발을 치켜들고 온몸을
들었다 놨다
들었다 놨다
리듬을 타는 율동을 반복한다
헌데 춤이 영 신통치가 않았는지
짝이 힐끗 쳐다보더니
발길을 돌려버린다

게들의 춤은 구애의 한 방식이라는데
퇴짜 맞은 저이를 어쩌나
걱정도 잠시

이번에는 집게발을 번갈아가며
뻘을 집어선 연신
입으로 갖다 넣는다

입술을 오물거리면서 이따금
안테나처럼 쭉 뽑아 올린 두 눈자루를
높이 치켜들고 멀리까지 살피면서 여차하면
삼십육계 줄행랑이라도 칠 기세다

반찬 투정도 없이
그 희고 작은 집게발로
식사하는 모습은 귀엽고
개구지기까지 하다

연애도 이겨내고 밥도 잘 먹고
경계도 잘 해서
녀석 대견스럽다 생각했더니 참!
뻘밭에선

눈물이 보이지 않는다

## 까막눈

눈이 어두우면
귀가 밝아지고
귀가 어두우면
눈이 밝아진다고 한다

평생 보지 못하였지만
사리(事理)에는 더 밝았던 사람

늦게서야
'서' 자(字)가 아닌
'송' 자(字)를 먼저 배우다
학업을 작파한 사람

# 뒤에 오는 것들

우리 집 목련꽃은
봄 한 철을 빼고도
초여름부터 한여름까지
심심하면 한 번씩
피었다 진다
뭔가 잊은 것이 있어
다시 온 것처럼 한두 송이가
말갛게 씻긴 얼굴처럼
환하게 피고 지곤 한다

여운 같은 거랄까
내가 당신을 잊고도
아직 다 잊은 것이 아니듯이

사실은 나는 목련처럼
말하지 못하는 내 병을
알지도 못했다

| 작품 해설 |

# 시인의 적응론

맹문재

1.

송기홍 시인이 궁극적으로 추구하는 시 세계는 자연의 질서에 적응하는 것이다. 인간은 자연으로부터 태어나 자연에서 살다가 자연으로 돌아가는 존재자이기에 본능적으로 자연에 대해 편안함과 일체감을 갖는다. 때로는 거대하고 엄정한 자연의 실체 앞에서 두려움과 무서움을 갖기도 하지만, 끝내 자신의 태도를 바꾸고 자연과 함께한다.

도가 사상의 중심인물로 사람들에게 자연으로 돌아갈 것을 주장한 장자는 "천지에는 위대한 아름다움이 있으나 말하지 아니하고, 사시(四時)는 밝은 법도를 지니고 있으면서도 논의하지 않으며, 만물은 생성 원리가 있음에도 이를 말하지 않는다."라고 하면서, 성인이란 천지의 아름다움을 근원

---

1 "天地有大美而不言 四時有明法而不議 萬物有成理而不說". 이택후 · 유강기,

으로 삼고 만물의 원리에 통달한 사람이라고 말했다. 장자의 관점에서는 일을 하지 않으면서도 하지 않는 일이 없다는 무위이무불위(無爲而無不爲)가 천지에 대미(大美)가 존재할 수 있는 근거였다. 장자는 인간의 존재 그 자체와 발전을 인류 생존의 최고 목적으로 여기고, 이것을 희생하면서 외재적 목적인 공명, 이익, 부귀, 권세 등을 추구한다면 어리석은 짓으로 간주했다. 그렇기에 인간의 인의와 도덕이 고상한 것이라고 할지라도 자신의 생명을 희생하면서까지 추구할 필요는 없고, 인간 생명의 자연스러운 발전과 일치해야 한다고 주장한 것이다.[2]

장자의 자연관은 회남왕 유안(劉安)의 주재로 문객들이 집필한 『회남홍렬(淮南鴻烈)』에 이르러 수정된다. 『회남홍렬』은 도가의 사상을 기본으로 하고 있지만, 무위를 인간의 행동을 배제하는 것으로 이해하지 않았다. 자연의 질서에 위배하는 행동을 하지 않는 것을 추구했을 뿐 행동 자체를 하지 않는 것은 아니었다. 오히려 자연 질서에 합치되는 행동을 적극적으로 추구했다. 가령 물에서 배를 사용하는 것은 자연의 질서에 위배하는 행동이 아니라 무위를 추구하는 것으로 본 것이다.

이와 같은 모습은 송기흥 시인의 시 세계에서 볼 수 있다.

---

『중국미학사』, 권덕주·김승심 공역, 대한교과서주식회사, 1999, 289쪽.
2  위의 책, 288~296쪽.

시인은 자연 질서에 따르고자 하는데, 그것은 도가에서 말하는 무위가 아니라 그 나름대로 삶의 지혜를 발휘하는 자세이다. 시인에게 무위란 속세를 떠날 정도로 공허한 것이 아니라 충분히 세속적이고 인간적인 것이다. 자본주의 체제가 강요하는 이익 창출에 함몰되지 않으면서도 세속적인 사회에서 소외당하지 않는 삶의 방향이자 가치인 것이다.


2.

    산수유며 청매화며 다들
    잎을 떨궜는데
    목련은 어쩌자고
    그 넓은 잎들을 겨울이 다 되도록
    붙들고 있나 궁금했었다 헌데
    오늘 그 비밀을 알았다

    첫눈이 오고 잎 떨군 목련나무
    가지 끝마다 솜털 보송한 몽우리들
    촘촘히 맺혀 있다 그러니까

    기다려준 것이다
    가려준 것이다
    어린 새끼들이
    영글어질 때까지

어미가 날개깃을 펼쳐
알을 품어준 것이다

—「목련의 포란」 부분

위의 작품의 화자는 "산수유며 청매화며 다들/잎을 떨궜는데", "목련은 어쩌자고/그 넓은 잎들을 겨울이 다 되도록/붙들고 있나" 하고 궁금해한다. 겨울이 되었으니 다른 나무들과 마찬가지로 목련나무가 잎을 떨어뜨리는 모습을 자연의 이치로 여긴 것이다.

화자는 첫눈이 오는 날, 목련나무가 잎을 떨구지 않은 비밀을 비로소 알게 되었다. "첫눈이 오고 잎 떨군 목련나무/가지 끝마다 솜털 보송한 몽우리들/촘촘히 맺혀 있"는 모습을 보고, 목련나무가 그 몽우리들을 기다린 이유를 깨달은 것이다. "어린 새끼들이/영글어질 때까지/어미가 날개깃을 펼쳐/알을 품어준 것"처럼 목련나무의 잎들은 몽우리들을 가려주었다. 화자는 자연의 질서에 따르는 그 목련나무를 바라보면서 자신이 추구해야 할 삶의 자세를 생각했다.

현관문을 열고 나오는데 포르릉
머리 위에서 새 한 마리
어둠 속으로 날아간다
달포 만에 내려왔더니 이놈이 그새
처마 밑 전등 덮개를
둥지로 삼은 거다

그렇잖아도
봄 되면 천장에서
작은 나방들이 쏟아져 내려오고
여름이면 뒤꼍 처마에는
말벌들이 솥뚜껑만 한 집을 짓고
때아닌 낮은 포복을 시키지 않았던가?
행랑채 지붕 아래는
참새 떼가 무시로 들락거리며
터를 잡은 지 오랜데
녀석까지 비집고 들어오면
어쩌자는 것인가

조금 심하다 싶기도 한데
허나 또 어쩔 것인가
식구 하나 늘었다 셈 쳐야지

이미 대처에 뿌리내린
나무가 되어버린 나
를 두고
이 집의 주인 되기 글렀음을 알아차리고
새 주인들이 나타나 속속들이
영역 접수를 해 오는 것인가
뭔가!

—「빈집」 전문

위의 작품의 화자는 "현관문을 열고 나오는데 포르릉/머리 위에서 새 한 마리/어둠 속으로 날아"가는 순간과 맞닥뜨린다. 화자는 그 자리에 서서 집안을 둘러본다. "달포 만에 내려왔더니" 그사이 새들이 "처마 밑 전등 덮개를/둥지로 삼은" 것이 눈에 띈다.

화자는 그 새집을 어떻게 처리해야 할지 생각해본다. 그렇지 않아도 "봄 되면 천장에서/작은 나방들이 쏟아져 내려오고", "여름이면 뒤꼍 처마에는/말벌들이 솥뚜껑만 한 집을 짓고/때아닌 낮은 포복을 시키"는 상황이다. 또한 "행랑채 지붕 아래는/참새 떼가 무시로 들락거리며/터를 잡은 지 오"래되었다. 따라서 "녀석까지 비집고 들어오면/어쩌자는 것인가"라고 투정할 수밖에 없는 것이다.

화자는 고민 끝에 "조금 심하다 싶기도 한데/허나 또 어쩔 것인가"라고 마음을 정한다. "식구 하나 늘었다 셈 쳐야지" 하고 새를 맞아들이기로 결심한 것이다. 화자의 마음은 새에게 자비나 시혜를 베푼 것이 아니라 자신의 삶에 적극성을 띤 것이다. 화자는 "이미 대처에 뿌리내린/나무가 되어버린 나/를 두고/이 집의 주인 되기 글렀음을 알아차리고" 새들이 "영역 접수를 해 오는 것"을 인정한다. 그리하여 자신이 빈집의 법적인 집주인이지만, 실제로는 집주인이 못 되는 것을 반성하고 새에게 집을 양도한 것이다.

화자가 새에게 자신의 집을 넘긴 것은 자연의 질서에 따른 행동이다. 자연의 이치를 토대로 사회적 실천을 한 것이다. 대한민국에서는 주택 공급량이 증가해도 주택 보유 가구가

비례해서 늘고 있지 않기에 늘 주택 문제가 대두되고 있다. 물론 화자처럼 인구 소멸 지역에 빈집을 소유한 사람들은 해당하지 않는다. 사회의 출산율이 줄어들고 지방의 인구가 수도권으로 유출되어 빈집의 수가 점점 증가하고 있기 때문이다. 그렇지만 화자는 자신의 빈집이 법적으로나 현실적으로 문제가 되지는 않지만, 새들은 결코 한 채 이상의 집을 갖지 않기에, 자연의 질서에 적응한 것이다.

르네 듀보(Rene' Dubos)가 『적응하는 인간』에서 정의했듯이 적응은 주어진 환경에 수동적으로 따르지 않고 적극적으로 인간 가치를 추구한다. 현대인들은 하늘에서 별이 빛나지 않고, 도시의 소음이 심한데도 편안하게 지낸다. 잔인한 사건들에 적당히 분노하고, 참혹한 사고에 적당히 슬퍼한다. 거짓말투성이인 광고와 수단화된 행사들에 적당히 속는다. 인간 가치가 파괴되는 환경에서 살아가는 것이 바람직하지 않은데도 순응하는 것이다. 적응은 이와 같은 자세를 극복하고 인간다운 삶의 환경을 만들어가는 행동이다. 화자가 새들에게 집을 양도한 것이 그 모습이다. 화자는 자본주의가 요구하는 이익 창출 대신 새들과 함께 살아가는 공동체 이익을 선택한 것이다.

3.

    뒷산 딱따구리 소리 참
    청아하다

    박자와 음정이 딱딱
    맞아떨어지는 저
    밥벌이하는 소리가
    음악이라니!

    밥을 벌면서 저지른
    만행들을 생각하면

    왜 새들이 내 머리
    꼭대기 위에서
    노는지 알겠다

                          —「딱따구리 소리」 전문

  위의 작품의 화자는 "뒷산 딱따구리 소리 참/청아하다"고 느끼며 듣는데, "박자와 음정이 딱딱/맞아떨어지는" 것을 발견하고 놀란다. 그 딱따구리의 소리가 "밥벌이하는 소리"이자 "음악" 소리라는 사실에 더욱 놀란다.

  화자는 딱따구리의 소리에 비해 "밥을 벌면서 저지른" 자신의 "만행들을" 생각해본다. 자신은 밥벌이를 하면서 음악 소리를 내보지 못했다고 반성하는 것이다. 밥벌이는 시장경

제의 구성원들 사이에서 피할 수 없는 경쟁을 치른다. 그런데도 자본주의 체제에 익숙한 사람들은 자신의 경쟁을 당연하게 받아들인다. 경쟁이야말로 사회 발전을 이루는 동기라는 의견에도 동의한다. 경쟁은 승자와 패자를 낳기에 구성원들에게 유리한 것만은 아니다. 따라서 능력주의(meritocracy)에 매몰되어 공정성이나 사회적 배분을 도외시하는 데 순응해서는 안 되는 것이다.

화자는 딱따구리의 소리를 들으며 "왜 새들이 내 머리/꼭대기 위에서/노는지" 비로소 깨닫는다. 밥벌이를 생존경쟁으로만 여기지 않고 즐겨야 하는 것을 발견한 것이다. 그리하여 경쟁 체제의 지배에서 벗어나야만 자신의 생명을 살릴 수 있음을 자각한다.

『회남홍렬』은 도가의 자연에 순응하는 소극적인 사상을 지양하고 가능한 한 물질의 풍요로움을 얻고자 했다. 그렇기에 도구를 창조하고 개진하는 것에 반대하지 않았다. 현실적이고 물질적인 세계에서 아름다움을 발견한 것이다. "미의 세계는 하나의 유형적 물질 세계이고, 사람에게 소리, 색, 맛의 감각 기관으로 즐거움을 주는 비할 수 없는 다양한 세계이다. 이 세상의 미는 또한 천지 간에 성대하게 생산되어, 사람들에게 각양각색의 물질적 풍요함을 만끽하게 하는 미도 포함되어 있으며, 정신적인 것에만 제한을 두지는 않고 있다."[3]

---

3  위의 책, 558쪽.

자연의 아름다움은 자기의 생명을 다치게 하거나 외부로부터 지배받는 노예가 되지 않는다. 외부와 함께하는 적응력으로 자기의 생명력을 유지하고 자유를 얻는다. 위의 작품의 딱따구리가 청아한 소리를 내는 것이 그 본보기이다. 딱따구리는 외부로부터 어떤 지배를 받지 않고 생명의 자유를 누리며 아름다운 소리를 내고 있다. 화자는 딱따구리의 소리가 실제로는 어떤 소리인지 알지 못하지만, 음악 소리로 듣는다. 화자는 그 소리를 들으며 밥벌이를 하느라 노예화된 자신을 반성한다. 밥벌이를 포기하는 것이 아니라 노역 당해서는 안 된다고 무위의 자세를 갖는 것이다.

> 호스피스 병실 환자에게
> 간호사가 이분 누구냐고
> 그이 아내를 가리키며 물으니까
> 그가 할딱거리는 가슴을 누르고
> 퀭한 눈의 초점을 지그시 모으더니
> 식구!
> 라고 대답한다
> 재깍재깍 초침 소리를 지우며
> 집사람도 마누라도 아닌
> 식구, 라고 한다
> 모르는 사람끼리 만나서
> 오래 밥을 같이 먹어버린
> 밥으로 똘똘 뭉쳐진 두 사람
> …(중략)…

지금껏 밥에 대하여 말고는
무슨 말을 하고 살았나 싶은
나와 당신처럼

—「식구」 부분

위의 작품의 화자는 호스피스 병실에 입원한 남편에게 "간호사가 이분 누구냐고/그이 아내를 가리키며" 묻는 모습을 바라보다가 놀란다. 남편은 "할딱거리는 가슴을 누르고/퀭한 눈의 초점을 지그시 모으더니/식구!"라고 대답했다. 화자는 "집사람도 마누라도 아닌/식구"라고 한 그의 대답에 감동한다. 그리하여 식구의 의미를 생각해보다가 "모르는 사람끼리 만나서/오래 밥을 같이 먹어버린/밥으로 똘똘 뭉쳐진" 사이라고 규정 짓는다. 아울러 "지금껏 밥에 대하여 말고는/무슨 말을 하고 살았나 싶은/나와 당신"도 떠올린다.

혈연이나 혼인으로 관계를 맺어 가족의 구성원이 된 "식구"의 의미는 국어사전에 있듯이 "한집에서 함께 살면서 끼니를 같이하는 사람"이다. 식구는 사회의 기초이자 보편적인 단위가 되는 가족의 구성원인데, 그 이전에 밥을 함께 먹는 존재자들이다. 따라서 밥을 마련하기 위한 식구의 역할은 많이 달라져왔고 앞으로도 그러할 것이지만, 인류가 존재하는 한 사라지지 않을 것이다.

밥은 인간 생존의 절대적인 물질이다. 인간은 밥에 대한 욕구를 채우지 못하면 인간다운 가치를 실현할 수 없다. 자아실현도 밥을 해결해야만 가능하다. 따라서 밥에 대한 무위는 성립될 수 없다. 밥에 무조건 함몰되어서는 안 되지만, 밥을 무시하는 자세는 자연의 질서를 위배하는 것이다. 따라서 밥을 어떻게 해결할 것인가의 문제는 큰 가치이다. 성인이란 자기의 밥뿐만 아니라 다른 존재자의 밥을 걱정하는 사람이다. 전태일이 일기에서 "나는 왜 이렇게 언제나 배가 고파야 하고 마음이 항상 괴로워야 할까?"라고 배고픔을 떠올린 것은 개인적인 차원을 넘는 고민이다. 노예처럼 살아가는 사람들이 해방되는 밥을 함께 나누려는 사랑인 것이다.

4.

햇빛 한 올도
바늘귀에 꿸 것 같은
백주대낮에도
그는 잘 보이지 않는다
캄캄한 골목
절망의 모퉁이에서
뒤돌아보면 그는
언제 왔는지 성큼 다가와 있다
무너져내리는 내 어깨를
가까스로 부축해놓곤
말없이 돌아서 가버리는
쓰디쓴 약 같은 이름

사는 게 다 운명이려니
　　되뇌고 보면 한결
　　수월해지는

　　　　　　　　　　　　　—「운명」 전문

　인간의 운명은 "햇빛 한 올도/바늘귀에 꿸 것 같은/백주대낮에도" "잘 보이지 않는다". 그렇지만 "캄캄한 골목/절망의 모퉁이에서/뒤돌아보면 그는/언제 왔는지 성큼 다가와 있다". 화자는 그 운명을 일상 속에서 긍정적으로 받아들인다. 자신의 운명을 신의 영역이 아니라 세계 내에 존재하는 것으로 인식하는 것이다.

　화자가 자신의 운명을 긍정하고 다른 존재자와 함께하는 일상을 끌어안자 운명도 상응하는 태도를 보인다. 무너져 내리는 화자의 "어깨를/가까스로 부축해놓곤/말없이 돌아서 가버리는/쓰디쓴 약 같은 이름"으로 다가온 것이다. "사는 게 다 운명이려니/되뇌고 보면 한결/수월해지는" 삶을 영위하는 화자에게 운명은 관념적인 존재가 아니라 구체적인 존재이다. 따라서 화자는 운명의 노예가 되지 않고 운명과 함께하는 동반자가 된다.

　화자가 운명의 질서에 따르는 것은 인간 사회의 법칙이나 규칙을 준수하는 차원과는 다르다. 운명이 자연의 일부이듯이 인간도 자연의 일부이기에 서로 간에는 위계 관계가 성립될 수 없다. 또한 운명이 정신적인 존재만이 아니듯이 인간도 정신적인 차원으로만 존재하지 않는다. 화자는 운명과 함께 물질적인 생명력을 공유한다. 자연의 일부인 화자는 운명과 마찬가지로 생사를 피할 수 없지만, 지금 이곳에서의 삶을 긍정하며 즐거워한다. "천하를 가볍게 여기면 정신에 해가 되는 것이 없고, 만물을 작게 여기면 마음이 의혹됨이 없으며, 삶과 죽음을 같이 여기면 뜻이 얽매이지 않고, 변화를 같이 여기면 밝음이 현혹되지 않는다."[4]라는 인식으로 운명과 함께하는 것이다.

    괘종시계의 추는
    중심을 지나지만
    중심에서 멈추지는 않는다

    가지에 앉은 새가
    중심을 잡으면 휘청!
    가지도 중심을 잡지만
    새도 가지도
    중심에서 멀어진다

    중심을 물고
    새는 날고
    가지는 흔들린다

---

4  위의 책, 561쪽.

나는 지금
네 가지에서
호시다

—「중심(中心)」 전문

위의 작품의 화자는 "괘종시계의 추는/중심을 지나지만/중심에서 멈추지는 않는" 것을 발견한다. "가지에 앉은 새가/중심을 잡으면 휘청!/가지도 중심을 잡지만/새도 가지도/중심에서 멀어"지는 것도 바라본다. 중심은 사물이나 장소의 가운데여서 일견 정지 상태로 여겨진다. 그렇지만 중심은 도착지이면서 출발지이다. 중심이 중요하고 기준이 되는 것은 새로운 움직임의 토대이기 때문이다. 우주 자연에서 정지된 존재자는 존재하지 않는다. 모든 존재자는 움직이고, 그것으로 변하는 것이다.

중심을 잡고 움직이는 존재자는 목표를 향해 나아갈 수 있다. "중심을 물고/새는 날고/가지는 흔들"리는 장면이 그 모습이다. 새가 날 수 있는 것은 중심을 물었기 때문이고, 그렇기에 다음 나뭇가지로 날아갈 수 있다. 나뭇가지가 흔들리는 것 역시 새로운 중심을 잡기 위한 몸부림이다.

화자는 "나는 지금/네 가지에서/호시다"라고 말한다. 국어사전에 의하면 "호시다"의 개념은 "사람의 기분이 놀이기구 등을 탈 때 몸이 쏠리거나 흔들거려 신나고 짜릿하다"이다. 화자는 새가 날아간 뒤 흔들리는 나뭇가지 위에 놓인 자신의 처지를 긍정한다. 삶의 환경이란 고정된 것도 안정이 보장된 것도 아니고, 오히려 불안정하고 혼란스러운 것이다. 화자는 그 상황을 기꺼이 감수하고 몸을 움직인다. 화자가 적응하는 자세를 취할 수 있는 것은 중심을 놓치지 않았기 때문이다. 중심을 가졌기에 세상의 흔들림에 넘어지거나 소외당하지 않는 것이다.

자연의 존재는 추상적이거나 관념적인 것이 아니라 실제적이고 구체적이다. 단일한 형상이 아니라 다양한 형상을 띤다. 자연은 완선(完善)하거나 영구불변할 수 없다. 화자는 중심을 잡고 변화하는 자연과 함께하는 즐거움으로 걸어가고 있다.

孟文在 | 문학평론가 · 안양대 교수

## 푸른사상 시선

1 광장으로 가는 길 | 이은봉·맹문재 엮음
2 오두막 황제 | 조재훈
3 첫눈 아침 | 이은봉
4 어쩌다가 도둑이 되었나요 | 이봉형
5 귀뚜라미 생포 작전 | 정원도
6 파랑도에 빠지다 | 심인숙
7 지붕의 등뼈 | 박승민
8 살찐 슬픔으로 돌아다니다 | 송유미
9 나를 두고 왔다 | 신승우
10 거룩한 그물 | 조항록
11 어둠의 얼굴 | 김석환
12 영화처럼 | 최희철
13 나는 너를 닮고 | 이선형
14 철새의 일인칭 | 서상규
15 죽은 물푸레나무에 대한 기억 | 권진희
16 봄에 덧나다 | 조혜영
17 무인 등대에서 휘파람 | 심창만
18 물결무늬 손뼈 화석 | 이종섶
19 맨드라미 꽃눈 | 김화정
20 그때 나는 학교에 있었다 | 박영희
21 달함지 | 이종수
22 수선집 근처 | 전다형
23 족보 | 이한걸
24 부평 4공단 여공 | 정세훈
25 음표들의 집 | 최기순
26 나는 지금 운전 중 | 윤석산
27 카페, 가난한 비 | 박석준
28 아내의 수사법 | 권혁소
29 그리움에는 바퀴가 달려 있다 | 김광렬
30 올랜도 간다 | 한혜영
31 오래된 숯가마 | 홍성운
32 엄마, 엄마들 | 성향숙
33 기룬 어린 양들 | 맹문재
34 반국 노래자랑 | 정춘근
35 여우비 간다 | 정진경
36 목련 미용실 | 이순주
37 세상을 박음질하다 | 정연홍
38 나는 지금 외출 중 | 문영규
39 안녕, 딜레마 | 정운희
40 미안하다 | 육봉수
41 엄마의 연애 | 유희주
42 외포리의 갈매기 | 강 민
43 기차 아래 사랑법 | 박관서
44 괜찮아 | 최은묵
45 우리집에 왜 왔니? | 박미라
46 달팽이 뿔 | 김준태
47 세온도를 그리다 | 정선호
48 너덜겅 편지 | 김 완
49 찬란한 봄날 | 김유섭
50 웃기는 짬뽕 | 신미균
51 일인분이 일인분에게 | 김은정
52 진뫼로 간다 | 김도수
53 터무니 있다 | 오승철
54 바람의 구문론 | 이종섶
55 나는 나의 어머니가 되어 | 고현혜
56 천만년이 내린다 | 유승도
57 우포늪 | 손남숙
58 봄들에서 | 정일남
59 사람이나 꽃이나 | 채상근
60 서리꽃은 왜 유리창에 피는가 | 임 윤
61 마당 깊은 꽃집 | 이주희
62 모래 마을에서 | 김광렬
63 나는 소금쟁이다 | 조계숙
64 역사를 외다 | 윤기묵
65 돌의 연가 | 김석환
66 숲 거울 | 차옥혜
67 마네킹도 옷을 갈아입는다 | 정대호
68 별자리 | 박경조
69 눈물도 때로는 희망 | 조선남
70 슬픈 레미콘 | 조 원
71 여기 아닌 곳 | 조항록
72 고래는 왜 강에서 죽었을까 | 제리안
73 한생을 톡 토독 | 공혜경
74 고갯길의 신화 | 김종상
75 고개 숙인 모든 것 | 박노식
76 너를 놓치다 | 정일관
77 눈 뜨는 달력 | 김 선
78 거꾸로 서서 생각합니다 | 송정섭

79 시절을 털다 | 김금희
80 발에 차이는 돌도 경전이다 | 김윤현
81 성규의 집 | 정진남
82 번함 공원에서 점을 보다 | 정선호
83 내일은 무지개 | 김광렬
84 빗방울 화석 | 원종태
85 동백꽃 편지 | 김종숙
86 달의 알리바이 | 김춘남
87 사랑할 게 딱 하나만 있어라 | 김형미
88 건너가는 시간 | 김황흠
89 호박꽃 엄마 | 유순예
90 아버지의 귀 | 박원희
91 금왕을 찾아가며 | 전병호
92 그대도 내겐 바람이다 | 임미리
93 불가능을 검색한다 | 이인호
94 너를 사랑하는 힘 | 안효희
95 늦게나마 고마웠습니다 | 이은래
96 버릴까 | 홍성운
97 사막의 사랑 | 강계순
98 베트남, 내가 두고 온 나라 | 김태수
99 다시 첫사랑을 노래하다 | 신동원
100 즐거운 광장 | 백무산·맹문재 엮음
101 피어라 모든 시냥 | 김자흔
102 염소와 꽃잎 | 유진택
103 소란이 환하다 | 유희주
104 생리대 사회학 | 안준철
105 동태 | 박상화
106 새벽에 깨어 | 여국현
107 씨앗의 노래 | 차옥혜
108 한 잎 | 권정수
109 촛불을 든 아들에게 | 김창규
110 얼굴, 잘 모르겠네 | 이복자
111 너도꽃나무 | 김미선
112 공중에 갇히다 | 김덕근
113 새점을 치는 저녁 | 주영국
114 노을의 시 | 권서각
115 가로수의 수학 시간 | 오새미
116 염소가 아니어서 다행이야 | 성향숙
117 마지막 버스에서 | 허윤설
118 장생포에서 | 황주경
119 흰 말채나무의 시간 | 최기순

120 을의 소심함에 대한 옹호 | 김민휴
121 격렬한 대화 | 강태승
122 시인은 무엇으로 사는가 | 강세환
123 연두는 모른다 | 조규남
124 시간의 색깔은 자신이 지향하는 빛깔로 간다 | 박석준
125 뼈의 노래 | 김기홍
126 가끔은 길이 없어도 가야 할 때가 있다 | 정대호
127 중심은 비어 있었다 | 조성웅
128 꽃나무가 중얼거렸다 | 신준수
129 헬리패드에 서서 | 김용아
130 유랑하는 달팽이 | 이기헌
131 수제비 먹으러 가자는 말 | 이명윤
132 단풍 콩잎 가족 | 이 철
133 먼 길을 돌아왔네 | 서숙희
134 새의 식사 | 김옥숙
135 사북 골목에서 | 맹문재
136 왜 네가 아니면 전부가 아닌지 | 정운희
137 멸종위기종 | 원종태
138 프엉꽃이 데려온 여름 | 박경자
139 물소의 춤 | 강현숙
140 목포, 에말이요 | 최기종
141 식물성 구체시 | 고 원
142 꼬치 아파 | 윤임수
143 아득한 집 | 김정원
144 여기가 막장이다 | 정연수
145 곡선을 기르다 | 오새미
146 사랑이 가끔 나를 애인이라고 부른다 | 서화성
147 더글러스 퍼 널빤지에게 | 백수인
148 나는 누구의 바깥에 서 있는 걸까 | 박은주
149 풀이라서 다행이다 | 한영희
150 가슴을 재다 | 박설희
151 나무에 기대다 | 안준철
152 속삭거려도 다 알아 | 유순예
153 중딩들 | 이봉환
154 수평은 동무가 참 많다 | 김정원
155 황금 언덕의 시 | 김은정
156 고요한 세계 | 유국환
157 마스카라 지운 초승달 | 권위상
158 수궁가 한 대목처럼 | 장우원
159 목련 그늘 | 조용환

160 그대라면, 무슨 부탁부터 하겠는가 | 박경조
161 동행 | 박시교
162 광부의 하늘이 무너졌다 | 성희직
163 천년에 아흔아홉 번 | 김려원
164 이별 후에 동네 한 바퀴 | 이인호
165 무릉별유천지 사람들 | 이애리
166 오늘의 지층 | 조숙향
167 오른쪽 주머니에 사탕 있는 남자 찾기 | 김임선
168 소리들 | 정 온
169 울음의 기원 | 강태승
170 눈 맑은 낙타를 만났다 | 함진원
171 도살된 황소를 위한 기도 | 김옥성
172 그날의 빨강 | 신수옥
173 의지와 표상으로서의 세계이니 | 박석준
174 촛불 하나가 등대처럼 | 윤기묵
175 목을 꺾어 슬픔을 죽이다 | 김이하
176 미시령 | 김 림
177 소나무 방정식 | 오새미
178 골목 수집가 | 추필숙
179 지워진 길 | 임 윤
180 달이 파먹다 남은 밤은 캄캄하다 | 조미희
181 꽃도 서성일 시간이 필요하다 | 안준철
182 안산행 열차를 기다린다 | 박봉규
183 읽기 쉬운 마음 | 박병란
184 그림자를 옮기는 시간 | 이미화
185 햇볕 그 햇볕 | 황성용
186 내가 지켜내려 했던 것들이 나를 지키고 | 김용아
187 신을 잃어버렸어요 | 이성혜
188 웃음과 울음 사이 | 윤재훈
189 그 길이 불편하다 | 조혜영
190 귤과 달과 그토록 많은 날들 속에서 | 홍순영
191 버려진 말들 사이를 걷다 | 봉윤숙
192 나는 그를 지우지 못한다 | 정원도
193 시인 안에 북적이는 찌꺼기들 | 최일화
194 세렝게티의 자비 | 전해윤
195 고양이의 저녁 | 박원희
196 고요한 세상의 쓸쓸함은 물밑 한 뼘 어디쯤일까 | 금시아
197 순포라는 당신 | 이애리
198 고요한 노동 | 정세훈
199 별 | 정일관

200 시간의 색깔은 꽃나무처럼 환하다 | 백무산·맹문재 엮음
201 꽃에 쏘였다 | 이혜순
202 우수와 오수 사이 | 이 윤
203 열렬한 심혈관 | 양선주
204 머문 날들이 많았다 | 박현우
205 죄의 바탕과 바닥 | 강태승
206 곰팡이도 꽃이다 | 윤기묵
207 지팡이는 자꾸만 아버지를 껴입어 | 이혜민
208 진뫼 오리길 | 김도수
209 연하리를 닮다 | 정유경
210 체위에 관한 질문 | 박미현
211 고 씨의 평미레 | 이주희
212 숲속 헌책방에서 | 강최현숙
213 부서지는 방식 | 이지우

# 등 속의 집

송기흥 시집